Patrik Eis

Materialien und Kopiervorlagen
zur Klassenlektüre

Uwe Britten

AB IN DEN KNAST

Hase und Igel®

Inhalt

www.hase-und-igel.de

ISBN 978-3-86760-312-6
3. Auflage 2015

„Ab in den Knast" – Das Buch im Unterricht

Das Buch

Wegen versuchten Raubes mit schwerer Körperverletzung verbringt ein Jugendlicher ein Jahr im Knast. Er erlebt eine schwere Zeit, verlässt das Gefängnis aber als gereifte Persönlichkeit und mit dem Willen, sein Leben in die Hand zu nehmen: ein abseitiges Thema für eine Lektüre ab der 8. Klasse? Im Gegenteil. Uwe Brittens Roman ist als Klassenlektüre aus unterschiedlichen Gründen sehr geeignet. Durch die raffinierte Struktur des Romans (parallel zu Jürgens Gefängniserfahrungen wird immer wieder in die letzten Tage vor der Tat zurückgeblendet) gelingt es dem Autor, einen Spannungsbogen aufrechtzuerhalten und zugleich die monotone Situation im Knast spürbar zu machen. Dazu trägt nicht zuletzt der sachliche und dialogreiche Stil bei, der uns den Figuren sehr nah sein lässt, uns eine Bewertung der Geschehnisse aber nicht abnimmt.

Bezüge zur unmittelbaren Erlebniswelt der Schüler ergeben sich keineswegs allein aus der Tatsache, dass es nur ein einziger unüberlegter Augenblick sein kann, der uns von Jürgens Erfahrungen im Gefängnis trennt. Zahlreiche Identifikations- und Gesprächsmöglichkeiten bieten z. B. Jürgens Gedanken über seine berufliche Zukunft, die von den anderen als „naiv" abgetan werden, die zunehmende Abgrenzung von seiner Familie, Jürgens Umgang mit alltäglichen Konflikten oder seine Schwierigkeiten, einem Mädchen gegenüber seine Gefühle zu offenbaren. Verschiedene Lebensweisen und Schicksale von Jugendlichen werden außerdem über Jürgens Bekannte und über Figuren aufgegriffen, die nur am Rande der Romanhandlung auftauchen.

Das Material

Mit dem vorliegenden Material werden die Lektüreerfahrungen der Schüler intensiviert und zugleich erweitert. Auf der Basis handlungs- und produktionsorientierter Arbeitstechniken können die beschriebenen Situationen und Verhaltensweisen zunächst nachvollzogen oder kritisch beleuchtet und dann in Bezug zu eigenen Erfahrungen gesetzt werden. Aber auch unter formalen Aspekten wird der Roman unter die Lupe genommen: Aus welchen Gründen hat sich der Autor wohl für diese verschachtelte Struktur entschieden? Wie schafft er es, die Zeit an einigen Stellen „stillstehen" zu lassen?

Die Struktur des Materials greift die Parallelstruktur des Romans auf. Ein im Präsens spielendes „Knastkapitel" wird jeweils mit dem darauf folgenden „Rückblendekapitel" gemeinsam behandelt. Diese lektürebegleitende Vorgehensweise ist jedoch nicht zwingend. Wenn die Schüler den Roman zunächst komplett lesen, können die Kopiervorlagen und Unterrichtsvorschläge auch zu thematischen Schwerpunkten gebündelt werden. Dabei helfen die unten abgebildeten Signets.

Die acht Abschnitte des Materials beginnen mit einer *inhaltlichen Zusammenfassung* der jeweils behandelten Kapitel. Danach folgen vielseitige Unterrichtsvorschläge, die in drei Rubriken aufgeteilt sind: Die Rubrik *Schreibanlässe* fordert die Schüler z. B. auf, einen Antrag an die Gefängnisdirektion oder einen Beitrag für ein „Lexikon der Jugendsprache" zu schreiben. *Gesprächsanlässe* gibt es zu vielen heiklen Fragen, so etwa zu Jürgens Familiensituation oder seinem Verhältnis zur Gewalt. In der Rubrik *Kreativ aktiv* werden beispielsweise wichtige Szenen aus dem Roman nachgespielt, variiert oder grafisch dargestellt und eine Talkshow zum Thema „Abends lange weggehen" angeregt. Zwei bis drei direkt einsetzbare *Kopiervorlagen* runden jeden der acht Abschnitte ab.

Um eine thematische Orientierung innerhalb des Materials zu erleichtern, ist jede Kopiervorlage rechts oben mit einem der folgenden Signets versehen. Dies bedeutet nicht, dass allein das symbolisierte Thema aufgegriffen wird, sondern lediglich, dass es auf diesem Blatt im Mittelpunkt steht:

Stil und Struktur des Romans | Gefängnis | Arbeit / Beruf

Freizeit / Die Tat | Jürgen & Mo

Den Arbeitsaufträgen auf den Kopiervorlagen sind folgende Symbole vorangestellt:

schreiben / zeichnen | Gespräch | Rollenspiel

Eine interessante und ergiebige Auseinandersetzung mit Buch und Material wünscht

Patrik Eis

Ins Gefängnis / Montag (1. und 2. Kapitel)

Inhalt

Jürgen Rebmann, 16 Jahre, ist nachts von der Polizei festgenommen worden. Auf einer Polizeiwache werden seine Personalien festgehalten. Aus dem Gespräch mit dem Polizisten und aus Jürgens verzweifelten Gedanken entsteht ein unscharfes Bild der Straftat: Offenbar hat Jürgen gemeinsam mit zwei Bekannten einen Mann angegriffen, der sich zunächst erfolgreich wehren und einen der Angreifer festhalten konnte. Dann aber nahm Jürgen – auf ein Zeichen des Festgehaltenen hin – eine Flasche und schlug sie dem Mann auf den Kopf, der nun in Lebensgefahr schwebt. Jürgen verbringt die restliche Nacht in einer fensterlosen Zelle. Mit Handschellen wird er am nächsten Morgen dem Haftrichter vorgeführt, dem er wahrheitsgemäß von der Straftat berichtet. Danach wird Jürgen direkt zur Jugendhaftanstalt gebracht. Dort muss er seine Kleidung ausziehen und bekommt Gefängniskleidung. Einem Bediensteten folgt Jürgen durch Gänge und Eisentüren, bis sie vor seiner Gefängniszelle ankommen …

Der Beginn des zweiten Romankapitels überrascht durch einen Zeit-, Handlungs- und (scheinbaren) Personenwechsel: Nachdem das erste Kapitel im Präsens von Jürgens Festnahme erzählte, wird nun im Präteritum der Alltag von „Pingpong" geschildert. Erst nach und nach lässt sich erahnen, dass Pingpong Jürgens Spitzname ist und der Roman somit zwischen der Gegenwartshandlung im Gefängnis immer wieder in die letzten Tage vor Jürgens Festnahme zurückblendet – bis zur Schilderung der Tat im 14. Kapitel.

Am Montagmorgen wird Pingpong von seinen Eltern ermahnt, nicht schon wieder zu spät zur Arbeit in der Autowerkstatt zu kommen. Als Lehrling im ersten Lehrjahr wird er dort meistens herumkommandiert und bekommt die dreckigsten Arbeiten. Allein mit Georg, einem Lehrling im zweiten Lehrjahr, versteht Pingpong sich gut. Henkel, sein Vorgesetzter, scheint es ganz besonders auf Pingpong abgesehen zu haben. Nach der Arbeit ruft Pingpong zwei Freunde an, die jedoch beide nichts mehr unternehmen wollen. (Dass es sich bei Pit und Kalle um die späteren Mittäter handelt, kann an dieser Stelle allenfalls vermutet werden.) Er nimmt sich vor, am nächsten Abend auf jeden Fall auszugehen. Außerdem will er morgen „Mo" treffen.

Die Kopiervorlagen und Unterrichtsvorschläge zu den beiden Kapiteln thematisieren folgende Schwerpunkte:

- Versuchter Raub – Was ist passiert?
- „… ich Idiot! …" – Jürgens „innerer Monolog"
- „Was passiert jetzt?" – Jürgens Ahnungslosigkeit nach der Tat
- Jürgen und Pingpong – Personenkonstellation und Struktur des Romans
- Die Alten und die Lehrlinge
- Pingpong und seine Eltern – Der Alltag zu Hause

Schreibanlass

Einen inneren Monolog verfassen
Auf Seite 9 steht kursiv gedruckt ein sogenannter „innerer Monolog" von Jürgen. Schau dir diese Stelle noch einmal genau an und schreibe dann selbst einen inneren Monolog. Wähle dafür eine der folgenden Situationen aus: ein innerer Monolog des Richters, nachdem Jürgen und der Polizist das Zimmer verlassen haben (Seite 14), ein innerer Monolog der Mutter, nachdem Pingpong morgens zu spät losgefahren ist (Seite 19).

Gesprächsanlässe

„… wirst du aber nicht ändern"
Auch Georg findet, dass es ein „Scheißsystem" ist, wenn immer die neuen Lehrlinge die Drecksarbeit machen müssen und herumkommandiert werden (Seite 24). Da man daran aber nichts ändern könne, ist es aus seiner Sicht besser, einfach mitzuspielen.

Seid ihr auch dieser Meinung? Oder könnte es Möglichkeiten geben, sich dem System zumindest teilweise zu entziehen? Georgs eigenes Verhalten auf Seite 21 gibt dafür Hinweise.

„Das konnte er mit vierzig auch noch tun"
Pingpong möchte nicht wie seine Eltern leben, bei denen „die ganze Woche nur aus Arbeiten" besteht (Seite 26). Wie stellt ihr euch euer eigenes Leben mit vierzig vor? Was wünscht ihr euch für diese Zeit, was möchtet ihr auf jeden Fall vermeiden?

Kreativ aktiv

Ein Rollenspiel entwerfen und vorführen
Schreibt zu Pingpongs Fragen und Anregungen vom Blatt „Die Alten und die Lehrlinge" mögliche Antworten seines Chefs auf. Entwerft daraus ein Rollenspiel mit Regieanweisungen. Übt das Rollenspiel ein und führt es den anderen vor. Wenn mehrere Paare ihr Rollenspiel vorgeführt haben, könnt ihr die verschiedenen Gesprächsverläufe gemeinsam miteinander vergleichen.

Kurzvortrag

Thema: Innerer Monolog
Auf Seite 9 wechselt plötzlich die Erzählperspektive des Romans: Nachdem zunächst eine neutrale Sicht vorherrscht, gibt der kursiv gedruckte Absatz ungefiltert Jürgens Gedanken wieder. (Auf Seite 31 gibt es eine ähnliche Stelle.) Für diese Erzähltechnik, die als „innerer Monolog" bezeichnet wird (oder auch als „stream of consciousness" = Bewusstseinsstrom), gibt es große literarische Vorbilder.

Informiere dich in einem (Literatur-)Lexikon über den Begriff „innerer Monolog" und halte darüber ein kurzes Referat. Vielleicht kannst du sogar einen Ausschnitt aus einem berühmten inneren Monolog vorlesen?

Versuchter Raub

Jürgen ist von der Polizei gefasst worden. Man wird ihn wegen versuchten Raubes mit schwerer Körperverletzung anklagen. Aber was genau ist eigentlich in der Nacht passiert?

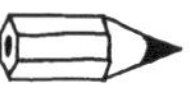

Schreibe einen Zeitungsartikel über den Tathergang. Sammle dafür zunächst die Informationen aus dem Gespräch mit dem Polizisten (Seite 6), aus Jürgens wirren Gedanken (Seite 9) und aus dem Gespräch mit dem Richter (Seite 13/14) und ordne sie. Fehlende Informationen kannst du selbst sinnvoll ergänzen. Baue dann deinen Artikel so auf:

Schlagzeile / Überschrift:

Untertitel mit erster Information:

Einige Sätze als Einleitung/Zusammenfassung:

Bericht:

Obwohl Jürgen weiß, dass er jetzt „der Blöde“ ist (Seite 9), scheint er sich über die Konsequenzen seiner Tat nicht bewusst zu sein.

Sammle Textstellen für Jürgens Ahnungslosigkeit auf den Seiten 11 bis 14. Wieso fällt es ihm so schwer, der Realität ins Auge zu blicken?

Wie reagiert der Richter auf Jürgens Fragen? Kannst du seine Reaktion verstehen?

Jürgen und Pingpong

Zwischen dem ersten und zweiten Kapitel des Romans gibt es einen Bruch: Im letzten Satz auf Seite 16 steht Jürgen gerade vor seiner Zelle – auf Seite 17 ist plötzlich von „Pingpong“ die Rede, der unsanft von seiner Mutter geweckt wird.

Lies dir jeweils die ersten beiden Sätze des dritten, vierten, fünften und sechsten Kapitels (auf den Seiten 27, 38, 47 und 58) durch.
Was fällt dir auf?
Welche Vermutungen hast du über den Aufbau des Romans und über die Figuren Jürgen und Pingpong?

Die Romanstruktur lässt sich auch zeichnerisch darstellen.
Ergänze die folgende Skizze.

1. Kapitel 2. Kapitel 3. Kapitel 4. Kapitel 5. Kapitel 6. Kapitel …

Sprecht darüber, aus welchen Gründen sich der Autor Uwe Britten für eine solche Struktur entschieden haben könnte. Welche Wirkungen lassen sich so erzielen? Wie können die beiden Erzählstränge voneinander profitieren?

Am Ende des zweiten Kapitels (Seite 26) ruft Pingpong zwei Freunde an: Pit und Kalle. Welche Rolle könnten die beiden im weiteren Verlauf der Rückblende spielen?

Die Alten und die Lehrlinge

„Das ist doch ein Scheißsystem!“, sagt Pingpong zu Georg, einem anderen Lehrling in der Autowerkstatt (Seite 24).

Liste auf, was Pingpong bei seiner Arbeit nicht gefällt. Schau dafür auf den Seiten 17, 20/21 und 23/24 nach.

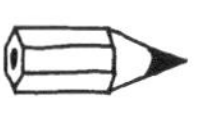

Pingpong belastet es auch, dass sein Chef noch kein einziges persönliches Wort mit ihm gesprochen hat (Seite 20). Was könnte Pingpong in einem solchen Gespräch mit dem Chef fragen, was könnte er anregen? Schreibe mögliche Fragen und Anregungen in die Sprechblasen. Überlege vorher, wie du die oben aufgelisteten Punkte umformulieren musst, damit der Chef das Gespräch nicht abbricht.

Knastregeln / Dienstag (3. und 4. Kapitel)

Inhalt

Jürgen erlebt seinen ersten Tag im Gefängnis. In der Zelle weint er und schreit verzweifelt in sein Kissen. Dann wird er abgeholt: zum Duschen, zum Arzt, zur Psychologin, zum Sozialarbeiter. Der Sozialarbeiter, Herr Gebhard, teilt Jürgen mit, dass er mit einem bis anderthalb Jahren Gefängnis rechnen müsse. Als Gebhard die Unordnung in Jürgens Zelle bemerkt, ermahnt er ihn „von Anfang an positiv aufzufallen". Zurück in der Zelle kreisen Jürgens Gedanken um die Reaktion der Eltern und Kollegen auf seine Inhaftierung, um die Hoffnung, nicht durch den Tod des Imbissbesitzers auch noch zum Mörder zu werden sowie um die bevorstehende lange Zeit im Gefängnis: „Hier machen sie einen fertig." Durchs vergitterte Fenster beobachtet Jürgen den Hofgang der anderen Jugendlichen. Danach geht er immer wieder in seiner Zelle hin und her. Er räumt auf, schläft ein und schreckt auf, als zwei Kalfakter ihm etwas zu essen und zu trinken bringen. Durch die Türklappe ermahnen die beiden Jungen Jürgen, ihnen die geforderte Zigarette und das Feuerzeug nicht zu verweigern: „,... hier wäscht eine Hand die andere". In der Nacht hat Jürgen immer wieder das Bild des zusammenbrechenden Mannes vor Augen. Er denkt erneut an seine Eltern und an Mo, die nun wohl nichts mehr von ihm wissen will.

Pingpong kommt ausnahmsweise pünktlich zur Arbeit. Wegen einer Sonderaktion hat er sehr viel zu tun. Wieder muss er die Dreckarbeit erledigen. Nach der Arbeit fängt er Mo ab. In einem kurzen Gespräch verabreden sich die beiden zu einer Radtour am Samstag. Nachdem er zu Hause mit seinen Eltern und seiner kleinen Schwester kaum ein Wort gewechselt hat, fährt Pingpong mit Pit in den „Park", ihre Stammkneipe. Sie treffen dort auch Kalle und unterhalten sich mit ihm und Future, dem Kneipenbesitzer, über Pingpongs frustrierenden Arbeitsalltag. Kalle vertritt eine ähnliche Auffassung wie zuvor Georg: Er freut sich auf die Zeit, in der die Jüngeren für ihn laufen müssen. Beim anschließenden Kickerturnier verliert Pingpong seine drei Euro Einsatz. Deprimiert und angetrunken denkt er an den einzigen Lichtblick der Woche: den Samstagnachmittag mit Mo. Und er nimmt sich vor, seine Eltern zu fragen, ob Mo nach seiner Probezeit mit ins Ferienhaus des Onkels fahren könne.

Die Kopiervorlagen und Unterrichtsvorschläge zu den beiden Kapiteln thematisieren folgende Schwerpunkte:

- Die Gefängniszelle
- Wenn die Zeit stillsteht – Wie Romanautoren Wirkungen erzielen
- Vergangenheit, Gegenwart und Zukunft – Jürgens „dreifache Verzweiflung"
- Ein Kuss für Henkel – Futures verrückte Idee
- Pit und Kalle – Pingpongs Freunde?
- Abends lange weggehen

Schreibanlass

Beschreibungen – objektiv und subjektiv
Teile ein DIN-A4-Blatt durch einen senkrechten Strich. Schreibe auf die linke Seite mithilfe der Informationen von Seite 27 eine sachliche und möglichst genaue Beschreibung von Jürgens Zelle. Auf die rechte Seite kommt die Beschreibung derselben Zelle aus Jürgens Sicht. In dieser zweiten Beschreibung sollte deutlich werden, unter welchen äußeren Bedingungen Jürgen in seiner Zelle besonders leidet.

Gesprächsanlass

Pit und Kalle
Lest euch noch einmal durch, was auf den Seiten 26 und 45/46 über Pit und Kalle gesagt wird. Wie steht Jürgen zu den beiden? Würdet ihr die beiden als seine Freunde bezeichnen?

Kreativ aktiv

Eine Situation grafisch darstellen
In Jürgens Gedanken zeichnet sich keine Hoffnung, keine Perspektive ab: Die Vergangenheit wird von der Erinnerung an die unüberlegte Tat bestimmt (Seite 35/36) und die Gegenwart von der Angst vor dem, was nun im Knast mit ihm passiert (Seite 31). Seine Zukunft fasst Jürgen mit dem Begriff „Jürgenderknacki" zusammen (Seite 36). Versuche Jürgens „dreifache Verzweiflung" grafisch darzustellen. Du kannst dafür z. B. Bilder, Sätze und Begriffe aus Jürgens Gedankenwelt um eine Skizze seines Kopfes anordnen.

Eine Talkshow planen und durchführen
Plant eine Talkshow zum Thema „Abends lange weggehen". Dafür könnt ihr folgende Gäste einladen bzw. Rollen verteilen:

- Pit als Schüler, der zwar abends weggeht, aber nicht zu lange
- Kalle als Lehrling, der bis nachts um drei weggeht, aber trotzdem morgens ab sieben arbeitet
- ein Schüler/eine Schülerin, der/die nur am Wochenende und vor Feiertagen abends weggeht
- Jürgens Mutter, die sich Sorgen macht, weil ihr Sohn zu wenig Schlaf bekommt
- ein Lehrer, der morgens oft vor einem „müden Haufen" steht
- ein Psychologe/eine Psychologin, der/die die Wichtigkeit von „Grenzen für Jugendliche" hervorhebt, aber auch findet, dass Jugendliche einen gewissen Raum haben müssen, um „ihre eigenen Grenzen zu erforschen"
- ein Moderator/eine Moderatorin

Baut nun euer Klassenzimmer in ein Fernsehstudio um. Zu Beginn der Talkshow stellt der Moderator/die Moderatorin die Gäste vor und jeder Gast kann seinen Standpunkt darlegen. Später kann auch das Publikum sich äußern und den Gästen Fragen stellen.

Wenn die Zeit stillsteht

Nachdem Jürgen beim Arzt, bei der Psychologin und beim Sozialarbeiter war, ist er zum ersten Mal für längere Zeit alleine in seiner Zelle. Bis das Essen gebracht wird, passiert nicht viel. Dennoch füllt Uwe Britten, der Autor, fast drei Seiten (31 – 33) mit dieser Situation. Lies dir die Seiten noch einmal aufmerksam durch.

Welche Wirkung will der Romanautor hier erzielen? Warum schreibt er nicht einfach: „Einige Stunden geht Jürgen in seiner Zelle auf und ab und legt sich zwischendurch immer wieder hin“?

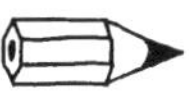

Schreibe von den Seiten 31 bis 33 einzelne Wörter und Sätze heraus, in denen die Atmosphäre in der Zelle besonders lebendig wird.

Einmal schluckt er und der Adamsapfel geht rauf und dann wieder runter.

Stell dir folgende Situation vor: Du hast aus Versehen eure Kellertür von innen zufallen lassen und bist nun eingesperrt. Du weißt, dass dich innerhalb der nächsten fünf Stunden niemand hören kann und dass es keine Möglichkeit gibt, den Keller ohne fremde Hilfe zu verlassen.

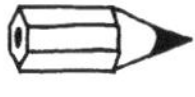

Beschreibe diese Situation so ausführlich, dass die sehr langsam vergehende Zeit „spürbar“ wird.

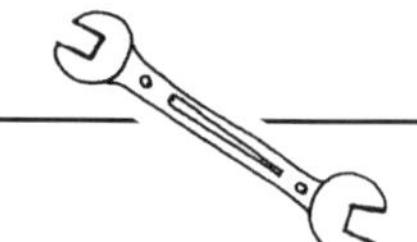

Ein Kuss für Henkel

Future, der Kneipenbesitzer, gibt Pingpong einen ziemlich verrückten Tipp für den Umgang mit seinem Vorgesetzten Henkel: „... wenn er dich noch mal blöd anquatscht, gibste ihm einfach einen Kuss. So richtig auf die Lippen." (Seite 42) Was würde wohl passieren, wenn Pingpong dies tatsächlich täte?

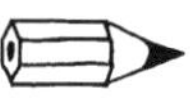 Vervollständige den Comic. Überlege dir vorher, wie sich deine Fortsetzung in vier einzelne Bilder umsetzen lässt.

①

Was hast du gemacht?! Ich hab dir doch gesagt, dass ...

②

③

④

⑤

⑥

Hofgang / Mittwoch (5. und 6. Kapitel)

Inhalt

Um 6:30 Uhr wird Jürgen von einem Gong und dem anspringenden Licht geweckt. Die Kalfakter bringen Kaffee. Gegen 11 Uhr hat Jürgen ein Gespräch mit den Sozialarbeitern. Sie erklären ihm, dass er nach einigen Wochen U-Haft in die Strafhaft wechseln wird, dass er, sobald seine Eltern Geld überwiesen haben, im Gefängnis einkaufen kann und dass es während der U-Haft keine Arbeitsmöglichkeiten gibt. Nur beim Hofgang zwischen 14 und 15 Uhr kommt er also aus seiner Zelle. Jürgen bekommt eine Hausordnung und Blätter, um Anträge stellen zu können. Zurück in der Zelle studiert er die Hausordnung. Auf seinem ersten Hofgang redet er mit Mattes und Luigi, den Essensverteilern. Zwischen zwei Häftlingen gibt es Streit. In der Zelle drückt Jürgen den Radioknopf und schreibt einen Brief an Mo / Simone. Darin gesteht er ihr, dass er vorhatte sie zu fragen, ob sie mit ihm gehen wolle.

Pingpong fährt nach der Berufsschule und einem kurzen Abstecher in den „Park" ins Jugendzentrum, um an einem Tischtennisturnier teilzunehmen. Dort legt er sich – nachdem er das Spiel um Platz drei verloren hat – mit Raimund an, der das Jugendzentrum mit seiner Clique beherrscht. Pingpong provoziert Raimund, bis dieser ihm einen Tischtennisschläger an die Schläfe wirft. Zu Hause isst Pingpong alleine in der Küche. Später erfährt er von seinem Vater, dass der Urlaub im Ferienhaus des Onkels noch gar nicht sicher sei. Nach einer lautstarken Auseinandersetzung mit seinen Eltern schließt Pingpong sich in seinem Zimmer ein.

Die Kopiervorlagen und Unterrichtsvorschläge zu den beiden Kapiteln thematisieren folgende Schwerpunkte:

- Jürgens Situation ohne Arbeit und Unterricht
- Die Gesprächsgruppe – Hoffnungen und Befürchtungen
- Unausweichliche Aggression? – Pingpongs Auseinandersetzung mit Raimund
- Wenn Eltern nerven / Wenn Kinder nerven

Schreibanlass

Eine Liste mit Hoffnungen und Befürchtungen
Auf das Angebot, an einer wöchentlichen Gesprächsgruppe teilzunehmen, reagiert Jürgen zunächst zurückhaltend (Seite 51). Nach den Erfahrungen auf seinem ersten Hofgang überlegt er nun, ob er einen Antrag zur Teilnahme stellen soll. Dafür listet er zunächst auf der einen Seite Hoffnungen / Wünsche und auf der anderen Seite Befürchtungen / Ängste auf, die er mit einer solchen Gesprächsgruppe im Gefängnis verbindet. Schreibe diese Liste.

Gesprächsanlass

„Leider reichen dafür die Kapazitäten nicht aus"
„Für die Jugend-U-Haft gibt es bei uns keine Arbeitsmöglichkeiten", erklärt Herr Gebhard (Seite 49). Auch eine Unterrichtsgruppe steht zurzeit nicht für Jürgen zur Verfügung (Seite 51). Versucht gemeinsam zu ermessen, was dies für Jürgens Situation bedeutet. Was ist in diesem Zusammenhang von Herrn Gebhards Satz zu halten: „Wer hier was für sich tut, erhält von uns volle Unterstützung" (Seite 49)?

Kreativ aktiv

Wandzeitung zum Thema „Genervte Kinder – genervte Eltern"
Pingpong verbringt wenig Zeit mit seinen Eltern. Ein ruhiges und sachliches Familiengespräch scheint nicht möglich zu sein. Tragt von den Seiten 26 und 64 bis 67 zusammen, was Pingpong am Verhalten seiner Eltern stört. Unter der Überschrift „Wenn Eltern nerven …" könnt ihr die wichtigsten Punkte auf einem Plakat zusammenfassen und Zitate oder Verhaltensweisen aus eurer eigenen Erfahrung ergänzen. Auf ein zweites Plakat kommen Punkte zum Thema „Wenn Kinder nerven …". Auch hierzu versucht ihr zunächst, euch in Pingpongs Eltern hineinzuversetzen. Welche weiteren Punkte würden eure eigenen Eltern vielleicht hinzufügen? Ein drittes Plakat schließlich fasst unter der Überschrift „Lösungswege" Möglichkeiten zusammen, wie sich beide Seiten aufeinander zubewegen könnten.

Allein in der Zelle – was tun?

Im Internet hast du eine Seite gefunden, auf der man Kontakt zu Häftlingen aufnehmen kann. Dort bist du auf Jürgens Fall gestoßen und hast erfahren, dass es außer einem einstündigen Hofgang für ihn zunächst keine Abwechslung geben wird.

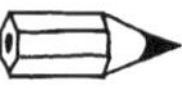

Schreibe Jürgen einen Brief, in dem du ihm Anregungen gibst, was er vielleicht in der Zeit tun könnte, die er alleine in seiner Zelle verbringt. Biete ihm dafür auch deine Hilfe an. Achte aber darauf, dass deine Vorschläge nicht besserwisserisch klingen. Schließlich kannst du kaum wissen, wie groß deine Motivation in Jürgens Situation wäre …

Hallo Jürgen,
bestimmt ist es etwas komisch für dich, Post von jemandem zu bekommen, den du gar nicht kennst. Seit ich von deinem Fall gehört habe, denke ich oft daran, wie du dort alleine in deiner Zelle sitzt.

„Du nervst mich langsam …"

Pingpong ist nicht ganz unschuldig daran, dass die Auseinandersetzung mit Raimund nach dem Tischtennisturnier eskaliert (Seite 62–64). Wie hätte das Gespräch zwischen den beiden laufen können, wenn Pingpong anders auf Raimunds Provokationen reagiert hätte?

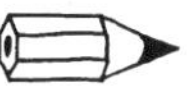

Vervollständige den Dialog nach der Siegerehrung. Wie kann Pingpong verhindern, dass es zu offener Aggression kommt, ohne dabei sein Gesicht zu verlieren?

Raimund: *Lass mal sehen, was der Nikolaus dem Kleinen gebracht hat.*

Pingpong: ______________________________

____

____

____

____

____

____

____

____

____

____

____

____

Vergleicht eure Dialoge. Wählt einige Dialoge aus, die ihr für realistisch haltet, und führt sie auf.

Inwiefern zeigt die Szene im Jugendzentrum, wo die Möglichkeiten und Grenzen in der Arbeit von Sozialarbeitern liegen?

Besuch und Verhandlung (7. und 8. Kapitel)

Inhalt

Jürgen bekommt einen Brief von seinen Eltern, in dem sie ihr Unverständnis über seine Tat zum Ausdruck bringen, ihm aber ihre Unterstützung zusichern. In seinem Antwortbrief findet auch Jürgen keine Erklärung für sein Verhalten. Er berichtet vom Knastalltag: „Man fühlt sich gar nicht mehr wie ein Mensch.“ Nach einigen Tagen erhält Jürgen die Briefe an seine Eltern und Simone wegen „Verunglimpfung der Anstalt“ zurück. Wut und Trauer brechen aus ihm heraus, dann schreibt er beide Briefe neu – nun ohne Bemerkungen zur Anstalt. An seinem zweiten Freitag im Gefängnis kann Jürgen endlich einkaufen. Durch Tauschgeschäfte erhält er ein Pornoheft, das ihn aber abstößt. In einigen Zellen wird bei Durchsuchungen Haschisch gefunden. Am Mittwoch bekommt Jürgen Besuch von seinen Eltern. In dem verkrampften Gespräch, das immer wieder durch allgemeines Schweigen unterbrochen wird, steht erneut das Unverständnis der Eltern im Vordergrund. Noch bevor die Besuchszeit ganz abgelaufen ist, verabschieden sie sich. Jürgen bekommt Post von Simone: Ihre Eltern hätten ihr den Kontakt zu ihm verboten, sie melde sich aber, wenn er wieder draußen sei. Vor der Verhandlung wird Jürgen von seinem Anwalt besucht. Weil Jürgen erst auf ein Zeichen des Mitangeklagten hin zugeschlagen hat, will der Anwalt auf ein Jahr plädieren. Im Richterspruch wird Jürgen dann als „schwache Persönlichkeit“ bezeichnet, bei der angesichts eines früheren Kaufhausdiebstahls „eine in ihrer Brutalität zunehmende Tendenz zur Kriminalität“ festzustellen sei. Er wird zu sechzehn Monaten Haft verurteilt.

Pingpong verlebt einen ruhigen Arbeitstag. Danach fährt er auf dem Weg zu Pit bei Mo vorbei. Sie bestätigt ihre Verabredung für Samstag, dann sitzen sie schweigend nebeneinander. Beim Tischtennis gegen Pit dreht Pingpong so auf, dass sein Gegner keine Chance hat. Pingpongs anschließende Gedanken zum Übergang von der Schule in den Beruf stoßen bei Pit auf wenig Interesse. Auf dem Nachhauseweg fährt Pingpong noch einmal bei Mo vorbei. Er klettert auf einen Baum im Nachbargarten, um von dort in Mos Zimmer sehen zu können, und fällt dabei herunter. Müde geht Pingpong am Freitagmorgen zur Arbeit und füllt bei einem Auto Öl nach. Das Kapitel endet, als Henkel wütend durch die Halle gelaufen kommt. Was genau passiert ist, bleibt hier noch offen …

Die Kopiervorlagen und Unterrichtsvorschläge zu den beiden Kapiteln thematisieren folgende Schwerpunkte:
- Das Unverständnis der Eltern und Jürgens Erklärungsversuche
- Zensur im Gefängnis
- Jürgen – ein Mitläufer?
- Kleine Diebstähle – ein Kavaliersdelikt?
- Die Zuneigung zwischen Pingpong und Mo
- Hobbys / Interessen und Berufswünsche

Schreibanlässe

Einen Lexikonartikel schreiben
Jürgens Vater regt sich auf: „‚Wir waren halt scheiße drauf‘, was soll denn das heißen? Erschlägt man fast einen Menschen, weil man ‚halt scheiße drauf‘ ist?“ (Seite 76). Für das „Lexikon der Jugendsprache“ sollst du einen Artikel zum Begriff „scheiße drauf sein“ schreiben: Aus welchen Gründen ist man „scheiße drauf“? Was tut man, wenn man „scheiße drauf“ ist?

Jürgen – ein Mitläufer?
Anwalt und Richter beschreiben Jürgen als „Mitläufer“ bzw. „schwache Persönlichkeit“ (Seite 80 / 81). Schreibe auf, was du unter diesen Begriffen verstehst, und stelle heraus, ob die Bezeichnungen deiner Meinung nach auf Jürgen zutreffen. Du kannst dafür auch Jürgens Äußerungen in den Gesprächen mit Georg (Seite 24) und Kalle (Seite 42) sowie seine Auseinandersetzung mit Raimund (Seite 63) heranziehen.

Gesprächsanlass

„… wir verstehen das einfach nicht“
Auf die Fragen seiner Eltern weiß Jürgen keine zufriedenstellenden Antworten. Seine halbherzigen Erklärungsversuche („War halt blöd“, Seite 69; „Wir waren halt scheiße drauf“, Seite 76) sorgen erst recht für Unverständnis. Gibt es zwischen euch und euren Eltern manchmal ähnliche Kommunikationsprobleme? Wie könnte sich Jürgen und wie könnten sich seine Eltern verhalten, um es der jeweils anderen Seite leichter zu machen?

Kreativ aktiv

Ein Streitgespräch führen
Auf den Seiten 61 und 83 / 84 des Romans werden beiläufig zwei strafbare Handlungen beschrieben: Susie klaut beim Tischtennisturnier zwei Bälle und Pingpongs Vater hat aus der Firma zwei Quittungsblöcke „mitgebracht“. Handelt es sich hierbei um „Kavaliersdelikte“ (also um Handlungen, die als nicht besonders schlimm anzusehen sind), oder hat das Hinwegsehen über solche kleineren Delikte einen unaufhaltsamen gesellschaftlichen Verfall zur Folge? Führt in eurer Klasse ein Streitgespräch zu diesem Thema. Zwei Schüler, die jeweils eine der beiden Positionen vertreten, sitzen sich dabei gegenüber. Vor und nach dem Streitgespräch stimmt der Rest der Klasse ab: Ja, es sind Kavaliersdelikte. / Nein, es sind keine Kavaliersdelikte. Gibt es bei den Abstimmungen Veränderungen? Wodurch?

„Wegen Verunglimpfung der Anstalt …“

Jürgen schreibt zwei Briefe: einen an Simone und einen an seine Eltern (Seiten 55/56 und 69/70).

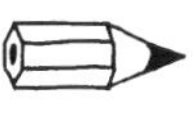

Lies dir die beiden Briefe genau durch und schreibe auf, welche Funktionen das Schreiben an Simone und seine Eltern für Jürgen erfüllt. Was kann er dabei „rauslassen“?

Nachdem Jürgen einige Tage damit verbracht hat, auf Antwortbriefe zu warten, bekommt er nur seine eigenen Briefe zurück: „Wegen Verunglimpfung der Anstalt nicht befördert. Der Jugendrichter“, steht darauf. Wut und Trauer brechen aus Jürgen heraus. Was genau in ihm vorgeht, bis er die Briefe abends neu schreibt, erfahren wir nicht (Seite 72).

Versuche Jürgens Gedankengang in drei Schritten nachzuvollziehen – vom ersten Wutausbruch über eine realistische Betrachtung seiner Situation bis zum Entschluss, die Briefe noch einmal zu schreiben.

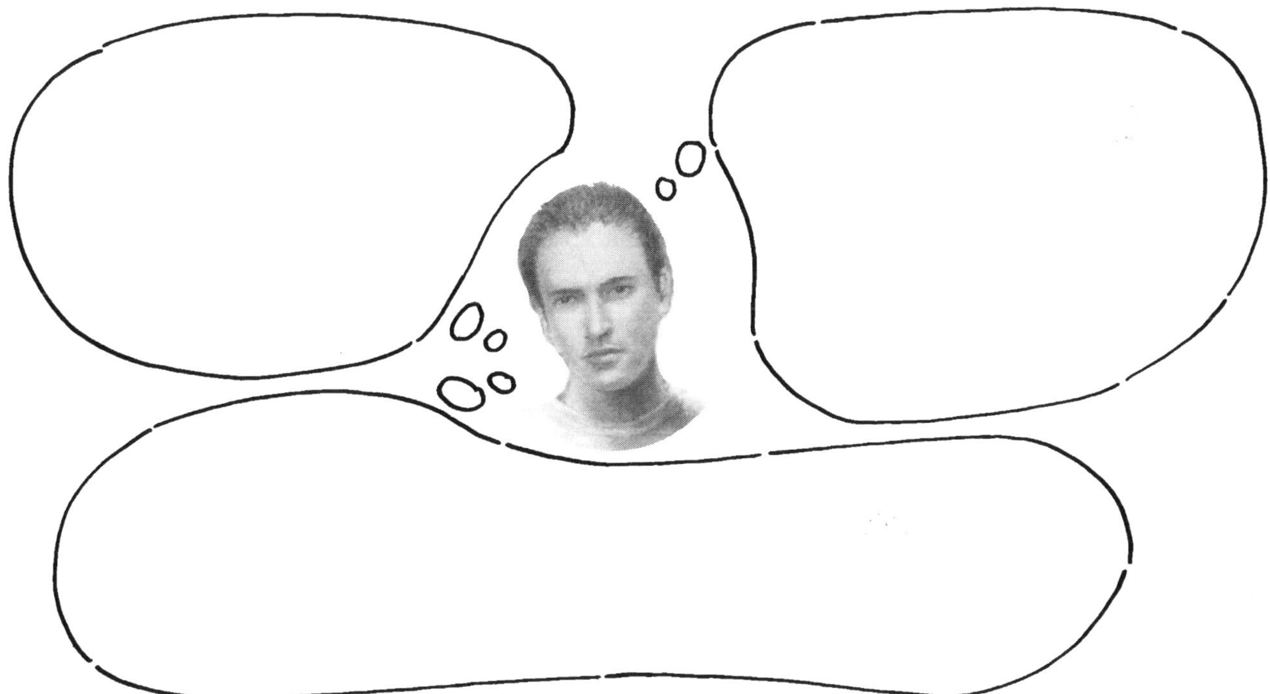

Schreibe einen Protestbrief an den Jugendrichter. Mache darin deutlich, was es für Jürgen bedeutet, nicht frei von seinem Alltag berichten zu dürfen.

Ein glücklicher Augenblick

Auf dem Weg zu Pit fährt Pingpong noch schnell bei Mo vorbei.
Als die beiden nebeneinander im Dunkeln sitzen, erleben sie
einen seltenen Moment des Glücks (Seite 85).

 Was könnten Pingpong und Mo in diesem Augenblick denken?
Fülle die beiden Denkblasen aus.

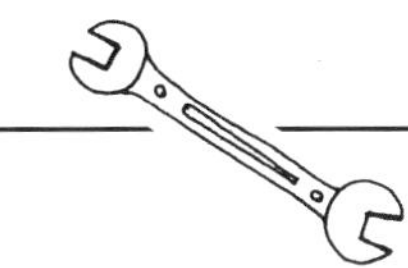

Zwischen Schule und Beruf

Pingpong macht sich Gedanken zum Übergang von der Schule ins Berufsleben: Da ist man in einigen Fächern gut gewesen, hat bestimmte Hobbys und auf einmal ist das alles egal. Gibt es denn keine Arbeit, die richtig Spaß macht? (Seite 86)

Fülle die folgende Tabelle aus. Links trägst du deine Hobbys und andere Dinge ein, die dir Spaß machen, die du gut kannst oder die dich interessieren. In die rechte Spalte kommen Berufe, in denen diese Interessen eine Rolle spielen.
(Unter *www.planet-beruf.de* kannst du deine Interessen eingeben und erhältst eine Liste mit passenden Ausbildungsberufen sowie Informationen rund um diese Berufe. Oder du informierst dich im Berufsinformationszentrum eines Arbeitsamtes vor Ort.)

Hobbys / Interessen	**Berufe**

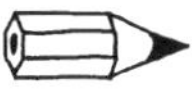

Wirf nun einen kritischen Blick auf die rechte Spalte und kennzeichne die einzelnen Berufe: Welche erfordern eine sehr hohe Qualifikation? Für welche kann man vielleicht nur mit viel Glück entdeckt werden? Welche stellen eine realistische Perspektive für dich dar?

Sprecht über eure Ergebnisse. Ist die Gegenüberstellung von Interessen und Berufen für euch ermutigend oder frustriert sie euch ähnlich wie Pingpong?

Verlegung / Freitag (9. und 10. Kapitel)

Inhalt

Jürgen macht es sehr zu schaffen, dass er in der Verhandlung als Mitläufer bezeichnet wurde. Er wird nun in die Strafhaft verlegt, wo wochentags über den Hofgang hinaus die Zellen zwischen 18 und 20 Uhr geöffnet sind. Beim zweiten abendlichen Aufschluss gibt es eine Machtprobe zwischen Jürgen und Tommy, dem Größten der Gruppe. Den Drohungen und dem aggressiven Blick von Tommy hält Jürgen stand. Am nächsten Tag entschärft Jürgen die Lage, indem er Tommy etwas von seiner Milch anbietet. Er beginnt außerdem sich mit Heiner anzufreunden. In einem Gespräch mit dem zuständigen Sozialarbeiter, Herrn Röder, wird Jürgens „Vollzugsplan“ besprochen. Falls Plätze frei werden, würde Jürgen gerne in der Schreinerei arbeiten. Kurz vor Weihnachten bekommt Jürgen ein kleines Päckchen mit einem Taschenkalender von seinen Eltern und eine Karte von Simone. Er hat inzwischen Haschisch und Beruhigungstabletten aufgetrieben. Einem plötzlichen Impuls folgend fängt Jürgen am zweiten Feiertag an, seine Zelle und alle Einrichtungsgegenstände mit einem kleinen Zentimetermaß genau auszumessen. In den folgenden Monaten bastelt er aus Pappe und Papier ein Modell seiner Zelle. Als es wärmer wird, kann Jürgen für zwei Wochen den Gärtnern helfen. In der Werkstatt klaut er etwas weiße Farbe.

Die Wut von Henkel, am Ende des achten Kapitels noch ziellos, richtet sich zu Beginn des zehnten Kapitels direkt gegen Pingpong: Weil dieser nach dem Ölnachfüllen den Verschluss nicht aufgeschraubt hat, ist nun ein kompletter Motor verschmiert. Auf Henkels Vorwürfe reagiert Pingpong seinerseits wütend und entgeht nur knapp der Entlassung.

Auch in Pingpongs Freizeit gibt es von nun an praktisch nur noch Negativerlebnisse. Als er in den „Park“ kommt, ist Kalle bereits mit ein paar anderen in den nächsten Laden gefahren. Pingpong steht alleine neben der Tür und reagiert übertrieben aggressiv, als ihm jemand ohne Absicht auf den Fuß tritt. In die Toilette der Kneipe schließt sich ein Jugendlicher ein, um Heroin zu spritzen, wird aber von Future daran gehindert. Für Pingpong bleibt nur die Vorfreude auf den Kirmesbesuch mit Mo am nächsten Tag …

Die Kopiervorlagen und Unterrichtsvorschläge zu den beiden Kapiteln thematisieren folgende Schwerpunkte:

- Jürgen – ein Mitläufer? (Fortsetzung)
- Wie Jürgen auf Tommys Aggression reagiert
- Weihnachten im Gefängnis
- „Wie durch Kiemen atmen“ – Vergleiche und ihre Wirkung
- „Grunge“ – Das Lebensgefühl einer Jugendbewegung
- Auswege aus der Drogensucht

Schreibanlass

Einen Appell verfassen
Schreibe einen öffentlichen Appell, der kurz vor Weihnachten in allen großen Tageszeitungen erscheinen soll. Der Appell schildert die Situation von Häftlingen während des „Festes der Liebe“ (Seite 97) und ruft dazu auf, durch flexiblere Dienstzeiten und Spenden Abhilfe zu schaffen.

Gesprächsanlass

Die volle Verantwortung
Weshalb macht es Jürgen gerade in seiner Situation so zu schaffen, als Mitläufer bezeichnet zu werden? Warum ist er zunächst sogar bereit, für eine Richtigstellung eine deutlich längere Haftzeit in Kauf zu nehmen? (Seite 89/90)

Kreativ aktiv

Eine Szene nachspielen und variieren
Spielt in eurer Klasse die Szene nach, in der Tommy in Jürgens Zelle kommt (Seite 92/93). Achtet dabei besonders auf die Körpersprache der beiden. Tommys längere Ausführungen auf Seite 93 könnt ihr auf zwei bis drei Sätze kürzen. Wenn ihr das Gefühl habt, die Szene richtig getroffen zu haben, könnt ihr sie variieren: Was wäre passiert, wenn Jürgen anders auf Tommys Aggressivität reagiert hätte?

Interessant ist auch ein Vergleich mit der Auseinandersetzung zwischen Jürgen und Raimund im Jugendheim (Seite 62–64 und Kopiervorlage „Du nervst mich langsam …“). Noch deutlicher wird dieser Vergleich, wenn ihr Jürgens Verhalten gegenüber Tommy auf Seite 94 einbezieht.

Einer Jugendbewegung nachspüren
Im „Park“ wünscht sich Pingpong den Song „Smells Like Teen Spirit“. Als er gespielt wird, schließt er die Augen und ballt die Faust (Seite 106/107). Die 1991 erschienene Single von Nirvana gilt als Hymne des „Grunge“ (sprich: „Grantsch“); einer Jugendbewegung, die in der ersten Hälfte der Neunzigerjahre von Seattle aus die Welt eroberte. Tragt Informationen über die Grunge-Bewegung und ihr unfreiwilliges Idol, den Nirvana-Sänger Kurt Cobain, zusammen. Versucht das Lebensgefühl der Grunger nachzuvollziehen. Vielleicht lässt sich ja auch der Song „Smells Like Teen Spirit“ von der Nirvana-CD „Nevermind“ besorgen und in der Klasse vorspielen. Könnt ihr Parallelen zwischen diesem Lebensgefühl und der Verhaltens- bzw. Denkweise von Jürgen entdecken? Wie steht ihr zum Lebensgefühl der Grunger?

Vergleiche

Wenn Jürgen morgens mit den Gärtnern loszieht, atmet er tief und kräftig durch den Mund. In seiner Zelle atmet er dagegen „wie durch Kiemen“ (Seite 101).

Findet ihr den Vergleich, den Uwe Britten hier verwendet, passend? Oder hätte er auch einfach schreiben können: „Jürgen atmet drinnen flacher als draußen“?

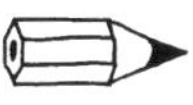

Fülle die Lücken in den folgenden Sätzen mit passenden Vergleichen aus. Du kannst dafür die vorgegebenen Ausdrücke verwenden oder eigene Vergleiche finden.

Jürgen atmet in seiner Zelle ***wie durch Kiemen.***

Er bewegt sich dort ______________________________.

Er fühlt sich im Gefängnis ______________________________.

Er lebt ______________________________.

wie in Watte

wie betäubt

wie auf drei Zylindern

wie in Gelee

wie ein Fisch im Wasser

wie auf Sparflamme

wie unter Glas

Lest eure Sätze vor und sprecht über eure Lösungen.

Ausdrücke wie „Sie war der Kopf der Firma“ oder „Dies ist die Quelle seines Hasses“ nennt man Metaphern. Sie werden auch als „verkürzte Vergleiche“ bezeichnet. Erkläre.

____

____

____

Drogen – und kein Ausweg?

Auf den Seiten 107 bis 109 wird am Rande der Romanhandlung das Schicksal von Frank, einem Heroinsüchtigen, berührt.

Beschreibe und erkläre was passiert, wenn Frank versucht von der Droge loszukommen.

„Frank macht sich selbst das Grab, aber ich kann ihm nicht helfen“, sagt Future. Informiere dich, welche Möglichkeiten es für Heroinsüchtige gibt, ihre Sucht zu bewältigen. Du kannst dafür auf der Homepage der Deutschen Hauptstelle für Suchtfragen e. V. *(www.dhs.de)* unter „Suchtstoffe“ das Stichwort „Illegale Drogen / Heroin“ anklicken, dich auf anderem Wege an den Verein (Westenwall 4, 59065 Hamm, Tel.: 02381 / 9015-0) wenden oder eine andere Drogenberatungsstelle zurate ziehen.
Notiere auch, welche Ansprechpartner ein Drogensüchtiger in deiner Umgebung hätte.

Wenn er im „Park“ ist, trinkt Pingpong reichlich Alkohol. Sprecht darüber, ob dies etwas ganz anderes ist als der Konsum von „harten“ Drogen oder – wegen der Suchtgefahr – etwas durchaus Vergleichbares.

Auch im Gefängnis ist es möglich, sich Drogen zu besorgen (Seite 97 u. a.). Warum ist die Gefahr, abhängig zu werden, dort noch größer?

„… kurz vorm Wahnsinn" / Samstag (11. und 12. Kapitel)

Inhalt

Jürgens Diebstahl kommt durch den Geruch der frischen Farbe in seiner Zelle heraus. Nach der Arbeit muss er sich deshalb zur Kontrolle nackt ausziehen. Für den Weiterbau an seinem Zellen-Modell bekommt Jürgen ein Metermaß, das Tommy aus der Schreinerei besorgt hat. Als das Modell fertig ist, werden die Tage wieder länger. Durch Andy, einen neuen Häftling, der sich gegen Tommy stellt, hat sich die Stimmung unter den Jugendlichen deutlich verschlechtert. Andy will auch von Jürgen wissen, auf welcher Seite er stehe. Jürgen antwortet: „Wo ich stehe? Hier." Zu einer Schlägerei, die drohend in der Luft liegt, kommt es nicht. Jürgen bekommt Urlaubskarten von seinen Eltern und schreibt einen Antwortbrief. Einige Tage später räumt er die Möbel in seiner Zelle um und beschließt, sein Zellen-Modell noch einmal neu zu basteln. Als er unter dem Bett liegt, um genau Maß zu nehmen, hält er inne und schreibt auf eine Latte: „Wenn du hier liegst, bist du kurz vorm Wahnsinn." In der Nacht dreht einer von Jürgens Mithäftlingen durch.

Pingpong trifft am Samstagmorgen die letzten Vorbereitungen für die Radtour zur Kirmes. Als er vor Mos Haustür steht, klebt dort ein Zettel: Mo kann nicht mit. Sie ist bei ihrer Tante zum Essen eingeladen. Wütend und traurig fährt Pingpong zuerst ziellos mit seinem Fahrrad durch die Straßen und dann zu Pit. Kalle sagt ebenfalls ab und die beiden beschließen, nicht zur Kirmes zu fahren. Beim Tischtennisspielen lässt Pingpong seinen Frust an einem Schläger aus, den er quer durch die Garage wirft. Bis zum Abend ist er dann außerhalb der Stadt mit dem Fahrrad unterwegs. Zu Hause angekommen, verschwindet Pingpong nach einem kurzen Streit mit seiner Schwester in seinem Zimmer und hört Musik. Frustriert lässt er den Tag mit einem Cognac ausklingen.

Die Kopiervorlagen und Unterrichtsvorschläge zu den beiden Kapiteln thematisieren folgende Schwerpunkte:
- Das Zellen-Modell
- Jürgens veränderter Umgang mit Konflikten
- Erfahrungsberichte von (politischen) Gefangenen
- Verzweiflungstaten und Überlebensstrategien im Gefängnis
- Pingpongs „Frustkurve"
- Gestörte Familienkommunikation

Schreibanlässe

Einen Antrag schreiben
In der Jugendarrestvollzugsordnung heißt es:
§ 6 (2) Während des Tages soll der Jugendliche bei der Arbeit und bei gemeinschaftlichen Veranstaltungen mit anderen Jugendlichen zusammen untergebracht werden, sofern Aufsicht gewährleistet ist und erzieherische Gründe nicht entgegenstehen. (…) Erfordert sein körperlicher oder seelischer Zustand eine gemeinsame Unterbringung, so ist er auch während des Tages mit anderen Jugendlichen gemeinsam unterzubringen.
§ 10 (1) Der Vollzug soll so gestaltet werden, dass die körperliche, geistige und sittliche Entwicklung des Jugendlichen gefördert wird.

Auf der Basis dieser Paragraphen und seiner Erfahrungen in den letzten Tagen möchte Jürgen beantragen mit Heiner zusammengelegt zu werden. Schreibe seinen Antrag.

Jürgens Entwicklung nachzeichnen
Als Andy ihn fragt, wo er stehe, sagt Jürgen einfach: „Hier." Diese klare und selbstbewusste Antwort irritiert Andy und es kommt nicht zu Handgreiflichkeiten (Seite 115). Zeige Jürgens veränderten Umgang mit Konfliktsituationen an den drei Auseinandersetzungen mit Raimund (Seite 62–64), mit Tommy (Seite 92/93) und mit Andy auf. Äußere dich abschließend zu der Frage, ob an diesem Umgang mit Konflikten auch eine Entwicklung von Jürgens Persönlichkeit insgesamt sichtbar wird.

Gesprächsanlässe

Nichts sehen
„… Und dann sieht man nichts. Immer nur dieses Hören", erzählt Heiner vom Vorfall in der Nacht (Seite 120). Versucht euch an Situationen zu erinnern, in denen ihr etwas Beängstigendes hören, aber nichts sehen konntet. Berichtet den anderen von euren Empfindungen in dieser Situation.

„Blöde Fragen"
Nachdem Pingpong Mos Zettel entdeckt hat, ist er wütend und traurig. Es scheint keine Möglichkeit zu geben, sich den Ärger „von der Seele" zu reden: Pit geht nicht auf Pingpongs Frustration ein (Seite 124/125) und von seinen Eltern erwartet Pingpong „nur alle möglichen blöden Fragen" (Seite 126). Schaut euch Pingpongs Zusammentreffen mit seiner Familie auf den Seiten 126/127 genau an. Sprecht dann darüber, weshalb Pingpong hier nicht „sein Herz ausschütten" kann oder will. Ihr könnt dafür auch die Familienszene auf den Seiten 65 bis 67 heranziehen. Überlegt anschließend, was sich im Verhalten der Eltern und was sich bei Pingpong ändern müsste, damit die Eltern zu ernsthaften Gesprächspartnern werden können.

Kreativ aktiv

Ein Modell basteln
Jürgen bastelt aus Papier und Pappe ein Modell seiner Zelle. Lest auf den Seiten 98, 100/101, 110 und 112/113 genau nach, wie er dabei vorgeht, und macht euch Stichpunkte. Versucht dann gemeinsam ein ähnliches Modell von eurem Klassenzimmer anzufertigen. Teilt dafür zunächst auf, wer für Boden und Wände, für Tür und Fenster sowie für die einzelnen Einrichtungsgegenstände zuständig ist. Macht dann eine Materialliste mit allen Dingen, die ihr für die Anfertigung des Modells braucht.

„... hier gibt es nur Opfer“

Überall auf der Welt werden Menschen aus den unterschiedlichsten Gründen eingesperrt. Neben verurteilten Straftätern gibt es zahlreiche „politische Gefangene“, die allein aufgrund ihrer politischen Überzeugung in Gefängnissen festgehalten werden. Alle diese Menschen teilen die Erfahrung der Abgeschiedenheit, der Isolation, die auch Jürgen in Uwe Brittens Roman machen muss. Manche Menschen haben in oder nach ihrer Haft versucht, ihre Empfindungen in Worte zu fassen.

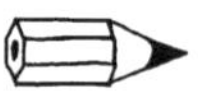 Welche der hier beschriebenen Erfahrungen werden so oder ähnlich auch von Jürgen geteilt? Belege Gemeinsamkeiten auch durch Zitate aus dem Roman.

 Welche Abschnitte lassen darauf schließen, dass es sich hier um politische Gefangenschaft handelt?

Ihr werdet nie verstehen, was es heißt, sich lebendig begraben zu fühlen, sich Tag und Nacht in jeder Minute zu sagen: Ich bin ein Sklave, ich bin vernichtet, ich bin bei lebendigem Leibe hilflos geworden. In seiner Zelle den Widerhall jenes großen Kampfes zu hören, in dem die größten Weltfragen entschieden werden – und dabei festgeschmiedet, zum Schweigen verurteilt zu sein! Reich an Gedanken, von denen wenigstens ein Teil nützlich sein könnte, und außerstande, auch nur einen einzigen zu verwirklichen! Liebe im Herzen zu spüren, ja Liebe, trotz der Mauern ringsum, und nicht imstande zu sein, sie für irgendetwas oder irgendjemanden zu verschwenden. Und schließlich sich voll Selbstverleugnung, ja Heroismus zu fühlen, um einer tausendfach heiligen Idee zu dienen – und zu sehen, wie all das Streben an den vier nackten Mauern, meinen einzigen Vertrauten, zerbricht. Das ist mein Leben!
Und das ist alles noch nichts im Vergleich zu einem anderen, noch schrecklicheren Gedanken. Das ist die Verblödung, die die unausbleibliche Folge eines derartigen Daseins bildet. Sperrt das größte Genie allein in einen solchen Kerker, wie man mich eingesperrt hat, und binnen wenigen Jahren würdet ihr sehen, wie selbst Napoleon stumpfsinnig und Jesus Christus schlecht würde.

Michail A. Bakunin

Im Gefängnis gewesen zu sein ist die Berührung mit einer abgesonderten Welt, die eingemauert zwischen uns ragt und von der wir weniger wissen als von Tibet oder der Osterinsel.
Ich habe das Gefängnis nicht als ein Haus der gewollten Härte und der traditionellen Quälereien kennengelernt, aber auch so bleibt es ein Haus des Jammers, in dem hinter jeder Eisentür ein andrer trauriger Globus kreist, durch schicksalsmäßige Verstrickung in dieser Bahn gehalten.
Schuld – ? In diesem Haus fällt das Wort nicht, hier gibt es nur Opfer.

Carl von Ossietzky

 Kann der feste Glaube an politische Ziele die Isolation erleichtern oder verschärft er sie eher?

Verzweiflungstaten und Überlebensstrategien

Am Ende des elften Kapitels wird beschrieben, wie Jürgen bei großer Hitze in seiner Zelle hin- und herrennt und Liegestütze macht, bis er völlig erschöpft ist. Dies ist nur eine von mehreren Verhaltensweisen, mit denen Jürgen auf das Eingesperrtsein reagiert.

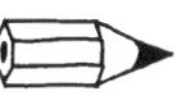

Schreibe in die rechte Spalte der Tabelle, welchen Sinn die jeweilige Tätigkeit für Jürgen erfüllen könnte bzw. welche Wirkung sie hat. Oder handelt es sich nur um sinnlose Verzweiflungstaten?

Tätigkeit	**Wirkung / Sinn**
in der Zelle hin- und hergehen; dabei die Schritte zählen	
Radio hören	
Briefe schreiben	
ein Zellen-Modell basteln	
in der Zelle hin- und herrennen und Liegestütze machen	

Sprecht über eure eigenen Gewohnheiten und Verhaltensweisen an Tagen, an denen nichts los ist und keiner Zeit hat. Gibt es Parallelen zu Jürgens Verhalten oder kann man die beiden Situationen nicht miteinander vergleichen?

Kurzes Glück und ganz viel Frust

Als Jürgen am Samstag den Zettel an Mos Haustür findet (Seite 123/124), ist dies der vorläufige Tiefpunkt einer ziemlich frustrierenden Woche.

Fertige für Pingpong eine „Frustkurve“ der Geschehnisse von Mittwoch bis Samstag an. Zeichne unter jede der aufgeführten Situationen ein Kreuz zwischen 5 = „sehr glücklich“ bis – 5 = „sehr frustriert/wütend“ (am besten mit Bleistift). Verbinde dann die Kreuze zu einer Kurve.

P. legt sich mit Raimund an. (S. 62–64)	P. erfährt, dass der Urlaub noch nicht sicher ist. (S. 66/67)	P. sitzt neben Mo vor deren Haustür. (S. 84/85)	P. hat beim Ölnachfüllen nicht aufgepasst. (S. 103/104)	P. wird von Kalle im „Park“ stehen gelassen. (S. 106)	P. findet den Zettel an Mos Haustür. (S. 123/124)

sehr glücklich

sehr frustriert/wütend

Vergleicht eure Kurven. Versucht Abweichungen durch Textbelege zu stützen.

Pingpongs glücklichere Momente haben fast ausschließlich mit Mo zu tun. Schon im Laufe der Woche schöpft er Hoffnung allein aus der Vorfreude auf den Ausflug am Samstag.

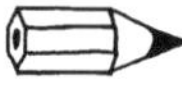

Schau dir die beiden Stellen auf den Seiten 43 (letzter Absatz)/44 (erster Absatz) und auf Seite 109 (letzter Absatz) an und mache deutlich, weshalb eine solche Fixierung auf eine bestimmte Person oder ein bestimmtes Ereignis problematisch sein kann.

Sprecht darüber, ob es bei euch ähnliche Tendenzen gibt. Übersteht ihr die Schulwoche auch nur durch die Vorfreude auf bevorstehende Wochenendereignisse?

Gefängnisarbeit / Sonntag (13. und 14. Kapitel)

Inhalt

Jürgen verbringt seinen Geburtstag am Fenster seiner Zelle und schaut in den Regen hinaus. Am nächsten Tag bekommt er Ärger: Wenn sein Zellen-Modell als Fluchtvorbereitung ausgelegt wird, könnte mit ihm auch Tommy, der das Metermaß besorgt hat, bestraft werden. Einige Tage später kann Jürgen endlich in der Schreinerei anfangen. Mit den anderen Häftlingen, die dort arbeiten, versteht er sich gut. Als er an einem der folgenden Tage in seine Zelle zurückkommt, hat eine Durchsuchung stattgefunden: Alle Sachen liegen verstreut herum und das Modell ist weg. Wütend will Jürgen sich beschweren, sieht dann aber ein, dass es sinnlos wäre. Stattdessen schreibt er einen Brief an seine Eltern, in dem er sich Gedanken über seine zweifelhaften Berufsaussichten macht. In einem Gespräch mit Herrn Röder erfährt Jürgen, dass er vermutlich schon Anfang November vorzeitig entlassen werden kann. Dafür muss er sich aber „aus allen Konflikten raushalten".

Der Tag der Tat: Am ganzen Sonntag richtet Pingpong nur neun Wörter an seine Familie. Das Angebot zu einem gemeinsamen Spaziergang lehnt er ab. Die Mischung aus Frust und Langeweile, der er sich in seinem Zimmer hingibt, erinnert bereits an die Stimmung in der Gefängniszelle. Schließlich verlässt Pingpong ohne ein Wort die Wohnung. An einem Lagerhaus schmeißt er eine Scheibe ein. Im „Park" trifft er Kalle und Pit. Kalle erzählt, dass er ein Mädchen kennengelernt habe und schlägt Pit und Pingpong vor, noch einen Abendspaziergang mit zwei Flaschen Bier zu machen. Als sie auf einer Parkbank sitzen, schmiedet Pingpong Zukunftspläne. Sein Vorschlag, zu dritt eine Fahrradwerkstatt aufzumachen, stößt jedoch auf wenig Gegenliebe: Kalle und Pit sind „richtig Asche" und „Aufstiegschancen" wichtiger. Etwas später beobachten die drei von der Mauer des Parks den Besitzer der Imbissbude, der – wie Kalle erzählt – die Tageseinnahmen bei sich hat. Kurz entschlossen teilt Kalle den beiden anderen mit, was jetzt zu tun sei: hinter einem Busch verstecken, dem Mann die Tasche abnehmen und weglaufen. Dann rennt Kalle los, ohne auf eine Antwort zu warten. Pit protestiert noch, aber er und Pingpong laufen mit. Wie wir bereits aus dem ersten Kapitel wissen, schlägt der Plan fehl: Der Imbissbesitzer hält Kalle fest und tritt Pit zwischen die Beine. Nach Kalles Armbewegung zur im Gras liegenden Flasche schlägt Pingpong sie dem Mann auf den Kopf, worauf dieser blutüberströmt zurücktaumelt. Pit, Kalle und Pingpong fliehen, werden jedoch wenig später von der Polizei gefasst.

Was die Struktur des Romans betrifft, so ist die Handlung mit diesem letzten „Pingpong-Kapitel" beim ersten „Jürgen-Kapitel" – also dem ersten Kapitel des Romans – angekommen.

Die Kopiervorlagen und Unterrichtsvorschläge zu den beiden Kapiteln thematisieren folgende Schwerpunkte:

- Ein bisschen Sinn – Jürgens Arbeit in der Schreinerei
- Die Zellendurchsuchung
- Pingpongs Zukunftspläne und ihre Resonanz
- Pingpongs Gewaltausbrüche vor der eigentlichen Tat
- Der Augenblick der Tat

Schreibanlässe

Einen Beschwerdebrief schreiben
Als Jürgen in seine Zelle zurückkommt, liegen alle seine Sachen auf dem Boden verstreut und das Zellen-Modell ist weg (Seite 133–135). Schreibe für Jürgen einen Beschwerdebrief an den Gefängnisdirektor. Darin sollte es vor allem um die Entwendung des Modells und um das „Wie" der Durchsuchung gehen, da die Durchsuchung selbst – wie Heiner richtig feststellt – gesetzlich zulässig ist.

Interviews aufschreiben
Nach Jürgens Festnahme will der Reporter einer lokalen Zeitung herausfinden, was der „Schläger mit der Bierflasche" für ein Mensch ist und was ihn zu seiner Tat getrieben hat. Bei seinen Recherchen führt der Reporter Interviews mit verschiedenen Personen aus Jürgens Umfeld: mit Future, mit Mo, mit Jürgens Mutter, mit dem Jugendlichen, den Jürgen im „Park" gegen den Zigarettenautomaten geschubst hat (Seite 106), und mit einem Spaziergänger, der Jürgen am Lagerhaus beobachtet hat (Seite 143). Suche dir von diesen Personen zwei aus, die einen sehr unterschiedlichen Blickwinkel auf Jürgen haben, und schreibe die Interviews auf.

Gesprächsanlässe

Endlich Arbeit
Erst in der letzten Phase seiner Haftstrafe kann Jürgen in der Schreinerei arbeiten (Seiten 132/133 und 136). Inwiefern lässt sich an Jürgens Erfahrungen in der Schreinerei festmachen, wie ein sinnvoller Strafvollzug aussehen könnte? Welche Ziele müsste ein solcher Strafvollzug eurer Meinung nach haben?

Gewaltausbrüche
Bereits vor der eigentlichen Tat neigt Pingpong zu vereinzelten Gewaltausbrüchen und zu aggressivem Verhalten. Schaut euch die Szenen auf den Seiten 106, 125/126 und 143 noch einmal an und vergleicht sie: Was ist jeweils der unmittelbare Auslöser und was ist der eigentliche Grund für Pingpongs Aggression? Lässt sich von diesen Situationen eine gerade Linie zur eigentlichen Straftat ziehen oder spielen bei dem missglückten Überfall ganz andere Faktoren eine Rolle?

Kreativ aktiv

Ein Standbild bauen

Die Szene des Überfalls auf den Imbissbesitzer lässt sich gut in ein Standbild umsetzen. Ein Schüler der Klasse stellt den Augenblick nach, in dem Kalle auf die herumliegende Flasche deutet. Er baut dafür fünf Mitschüler zu einem Standbild auf: den Imbissbesitzer, der Kalle im Schwitzkasten hat, Pingpong, der Kalles Geste folgt und die Flasche entdeckt, Pit, der gerade im Begriff ist wegzulaufen, und die Frau, die die Szene entsetzt aus einem Fenster beobachtet. Der dramatische Höhepunkt des Textes wird auf diese Weise wie auf einem Foto durch eine unbewegliche Personengruppe dargestellt. Die anderen Schüler können ihre Eindrücke beim Betrachten des Standbildes schildern und Fragen formulieren. Sie können aber die dargestellte Szene auch interpretieren, indem sie sich hinter die Figuren des Standbildes stellen und deren Gedanken stellvertretend aussprechen.

Eine weitere Möglichkeit ist es, die Handlung zu variieren: Was wäre passiert, wenn einer der Beteiligten sich im entscheidenden Moment anders verhalten hätte?

Zu Hause – im Gefängnis?

Fast den gesamten Sonntag verbringt Pingpong in seinem Zimmer, ohne besonders viel zu tun. Bis auf den Austausch weniger Worte bricht er den Kontakt zu seiner Familie ab.

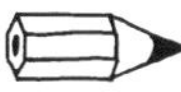 Schreibe auf die Mauer Textstellen von den Seiten 140 bis 142, die an die spätere Atmosphäre in der Gefängniszelle erinnern.

 Sprecht darüber, ob ihr der folgenden Aussage zustimmen könnt: „Schon bevor Jürgen ins Gefängnis kommt, ist er in sich selbst eingesperrt."

Kurz vor seiner Entlassung aus dem Gefängnis denkt Jürgen daran, was er draußen als Erstes machen wird: „... hinausfahren aus der Stadt. Ins Grüne. Im Wald spazieren gehen. Am Fluss sitzen und Steine springen lassen. Allein." (Seite 155)

 Wie kommt es, dass Jürgen diesen Wunsch erst jetzt verspürt? Hätte er das alles nicht schon an jenem verhängnisvollen Sonntag machen und die Tat damit verhindern können?

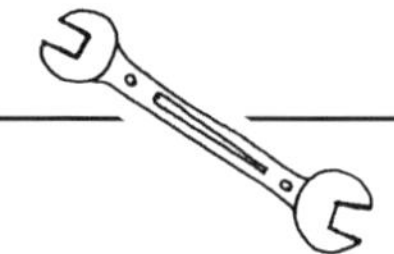

Zukunftspläne

Pingpongs Vorschlag, gemeinsam eine Fahrradwerkstatt aufzumachen, stößt bei Kalle und Pit auf wenig Begeisterung. Offenbar knüpft Pingpong nicht die gleichen Hoffnungen und Erwartungen an sein zukünftiges Berufsleben wie die beiden anderen (Seite 146 / 147).

Fülle die beiden ersten Spalten der Tabelle mit den jeweils unterschiedlichen Erwartungen und Wünschen aus, die die drei Personen mit ihrer beruflichen Zukunft verbinden. In die dritte Spalte trägst du deine eigenen Ziele ein. Nummeriere dann deine Ziele der Wichtigkeit nach.

Pingpong	**Kalle / Pit**	**ich**

Vergleicht eure beruflichen Ziele und sprecht darüber, wie ihr sie am besten verwirklichen oder ihnen zumindest nahekommen könnt.

Mit Pingpongs Aussage „erst abzocken und dann den Samariter spielen" sind wohl nicht zuletzt Prominente gemeint, die sich von ihren großzügigen Spenden ein positives Image erhoffen. Haltet ihr ein solches Vorgehen für skrupellos oder ist es letztlich egal, aus welchem Grund das Geld bei denen ankommt, die es wirklich brauchen?

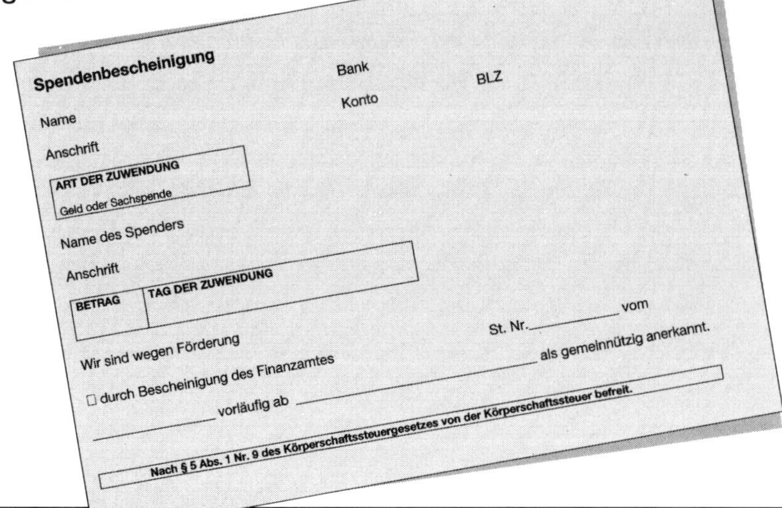

Spendenbescheinigung

Bank
BLZ
Konto

Name
Anschrift

ART DER ZUWENDUNG
Geld oder Sachspende

Name des Spenders
Anschrift

BETRAG
TAG DER ZUWENDUNG

Wir sind wegen Förderung
St. Nr. ______ vom
☐ durch Bescheinigung des Finanzamtes ______ als gemeinnützig anerkannt.
______ vorläufig ab ______

Nach § 5 Abs. 1 Nr. 9 des Körperschaftssteuergesetzes von der Körperschaftssteuer befreit.

Entlassung (15. Kapitel)

Inhalt

Für Jürgen ziehen sich die letzten Tage im Gefängnis zäh in die Länge. Heiner erzählt ihm, dass es erst nach der Entlassung richtig schlimm werde. Jürgen überlegt, was er draußen machen wird. Er schreibt einen letzten Brief an Simone, den er ihr zukommen lassen will, wenn er draußen ist. Seine restlichen Lebensmittel verteilt er an Heiner und Tommy. Heiner bekommt auch die Schere. Am letzten Tag muss Jürgen noch einmal die Zelle putzen. Dabei stößt er auf sein Zellen-Modell. Er betrachtet es eine Weile und zerstört es dann mit beiden Füßen. Schließlich wird Jürgen abgeholt. Er zieht in der Kleiderkammer wieder seine eigenen Sachen an, bekommt eine Postkarte von Kalle, die ihm nicht zugestellt wurde, und erhält sein Überbrückungsgeld. Dann steht er auf der Straße.

Am Bahnhof seiner Heimatstadt wird Jürgen von seiner Mutter und seiner Schwester abgeholt. In einem kurzen Gespräch mit Kalle, der in seinem Auto wartet, gibt dieser seine Mitschuld zu und die beiden verabreden sich für abends im „Park". Auch Mo ist da. Das Gespräch zwischen ihr und Jürgen wirkt offener und klarer als früher. Es ist nicht ausgeschlossen, dass die Beziehung zwischen den beiden eine Zukunft hat …

Die Kopiervorlagen und Unterrichtsvorschläge zu diesem Kapitel thematisieren folgende Schwerpunkte:

- Wieder draußen – Der Kampf gegen Vorurteile
- Die Zerstörung des Zellen-Modells
- Christians Lösung: Als Punk nach Berlin
- Jürgens verändertes Auftreten gegenüber Kalle und Mo
- Wie es mit Jürgen und Mo weitergehen könnte
- Jürgen und seine Familie – Neue Chancen?
- Der erste Spaziergang

Schreibanlässe

Einen Brief schreiben
Nur am Rande des Romans – auf den Seiten 105 und 162 – erfahren wir etwas über Christian, der offenbar nach Berlin abgehauen und dort zum Punker geworden ist. Schreibe Christians ersten Brief, den er von Berlin aus an seine Eltern schickt. Darin versucht er ihnen begreiflich zu machen, weshalb er es zu Hause nicht mehr ausgehalten hat und warum die Entscheidung, nach Berlin zu gehen, für ihn genau richtig war.

Ein Gespräch aufschreiben
Auch zu Hause äußern sich die Klarheit und die Offenheit, mit denen Jürgen schon Kalle und Mo entgegengetreten ist. Schreibt das erste längere Gespräch zwischen Jürgen und seinen Eltern nach der Entlassung auf. Wie geht Jürgen nun auf die beiden zu? Welche Vorschläge macht er? Wie reagieren die beiden?

Einen neuen Klappentext schreiben
Du kennst nun den ganzen Roman. Lies dir den Klappentext auf der Rückseite des Buches noch einmal durch. Findest du, dass er auf die Lektüre neugierig macht und zu dem Roman passt? Begründe entweder, weshalb du zustimmst, oder schreibe einen Klappentext, der dir besser gefällt.

Gesprächsanlass

Die Zerstörung des Zellen-Modells
Eben noch fand Jürgen seine Kartonzelle „irgendwie schon stark", jetzt zerstört er sie (Seite 158). Welche Gründe könnte dieser Stimmungswandel haben?

Kreativ aktiv

Ein Bild malen
Male ein Bild von Jürgen bei seinem ersten Waldspaziergang nach der Haft. Greife dafür seine Gedanken von Seite 155 auf.

„Knacki, hau ab!“

„... richtig schlimm wird's erst, wenn du wieder draußen bist“, sagt Heiner. Er zählt einige Alltagssituationen auf, mit denen Ex-Häftlinge zu kämpfen haben (Seite 154).

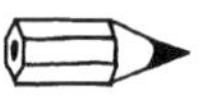

Wähle eine der unten aufgeführten Situationen aus und schreibe dazu eine kleine Szene mit Dialogen und Regieanweisungen. Entscheide zuvor, ob Jürgen durch sein Verhalten Vorurteile abbauen kann oder ob die Situation eskaliert.

Jürgen spricht Pit auf der Straße an. Dieser tut so, als würde er Jürgen nicht kennen ...

Jürgen kommt am Tag seiner Entlassung abends in den „Park“. Aus einer Ecke hört er deutlich die Aufforderung: „Knacki, hau ab!“ ...

Jürgen geht einkaufen. Er merkt, wie ihn die Verkäuferin ständig mit ihren Augen verfolgt ...

Jürgen hat einen Aushilfsjob auf einer Baustelle bekommen. Plötzlich vermisst einer der Bauarbeiter seine Armbanduhr ...

Lest eure Szenen vor. Wählt dann einige davon aus, studiert sie ein und führt sie der Klasse vor.

Erste Begegnungen

Am Bahnhof wird Jürgen von seiner Mutter und seiner Schwester abgeholt. Aber auch Kalle ist da. Und vor allem: Mo (Seite 160 – 163).

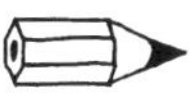 Vervollständige die beiden Gedankengänge über das Zusammentreffen von Jürgen und Kalle am Bahnhof. Schau dir dafür auch das Verhältnis zwischen den beiden vor der Tat noch einmal an (Seite 143 – 148).

Zwischen Jürgen und Kalle hat sich einiges geändert:

Jürgen ist nun ______________________________

____

____

____

Kalle ist verlegen. Er ______________________________

____

____

Auch auf Mo geht Jürgen nun anders zu. Stelle Adjektive gegenüber, die Jürgens Verhalten gegenüber Mo vor der Haft (4. und 8. Kapitel) und nach der Haft charakterisieren.

vor der Haft	**nach der Haft**

Kann man eurer Meinung nach sagen, dass die Hafterfahrung für Jürgens Entwicklung positiv war?

Einige Tage später treffen sich Jürgen und Mo an einem geheimen Ort. Sie sprechen offen darüber, wie sie sich ihre (gemeinsame?) Zukunft vorstellen. Schreibe dieses Gespräch auf.

Literatur, Filme, Internet

Literatur

Kurt Faller/Wilfried Kerntke/Maria Wackmann:
Konflikte selber lösen. Trainingshandbuch für Mediation und Konfliktmanagement in Schule und Jugendarbeit,
Mülheim: Verlag an der Ruhr 2009 (2. überarb. Auflage)

Dieter Lünse/Jörg Rohwedder/Volker Baisch:
Zivilcourage. Anleitung zum kreativen Umgang mit Konflikten und Gewalt,
Münster: agenda Verlag 2001 (3. überarb. Auflage)

Gerd Meyer/Ulrich Dovermann/Siegfried Frech/Günther Gugel (Hrsg.):
Zivilcourage lernen. Analysen – Modell – Arbeitshilfen,
Bonn: Bundeszentrale für politische Bildung 2004
(*www.bpb.de/files/GPO1TC.pdf*)

Manfred Tücke:
Entwicklungspsychologie des Kindes- und Jugendalters für (zukünftige) Lehrer,
Münster/Hamburg/London: Lit Verlag 2007 (3. Auflage)

Filme

Abschied vom Faustrecht: Junge Gewalttäter üben die Friedfertigkeit
DVD, 45 Min., Deutschland 1991 (ab 12)
Ein Projekt des Jugendgefängnisses Hameln: Durch ein „Anti-Aggressivitätstraining" sollen gewaltbereite Jugendliche neue Wege der Konfliktlösung finden.
(Bestellung unter *www.filmsortiment.de*)

Aufschluss
DVD, 60 Min., Deutschland 2004 (ab 12)
Fünf junge Frauen zwischen 18 und 23 Jahren verbüßen u. a. wegen Diebstahl, Drogenhandel und Totschlag eine Strafe in der Justizvollzugsanstalt Köln-Ossendorf. Der Film zeigt ihr Leben im Gefängnis und nach der Haftentlassung.
(*www.medienprojekt-wuppertal.de*)

Strafe muss sein?
DVD, 120 Min., Deutschland 2010 (ab 12)
In fünf Sequenzen werden Jugendliche porträtiert, die immer wieder gewalttätig werden oder bereits in Haft sind. Zentral ist die Frage, wie sinnvoll eine Gefängnisstrafe für die Entwicklung junger Menschen ist.
(*www.medienprojekt-wuppertal.de*)

Zwischen Abgrund und Neuanfang
DVD, 60 Min., Deutschland 2003 (ab 12)
Sieben Jugendliche erzählen, wie sie die Haft in der Justizvollzugsanstalt Wuppertal erleben: Sie berichten von ihrem Alltag, dem Umgang untereinander und mit den Vollzugsbeamten.
(*www.medienprojekt-wuppertal.de*)

Internetadressen

(mit zahlreichen weiteren Links zum Thema)

www.knast.net
(ausführliche Informationen zum Thema Gefängnis)

www.jugendliche-in-haft.de
(detaillierte Informationen zum Thema Jugendgefängnis)

www.planet-tegel.de
(u. a. Einblick in Gefängniszellen und Alltagsleben in der JVA Berlin Tegel)

www.knasthilfe.de
(Beratung, Projekte, Prävention)

www.ndr.de
(Multimedia-Dokumentation über das Leben in Deutschlands größtem Jugendgefängnis; Stichwort: „Knastkarrieren")

www.reso.de
(Homepage des Arbeitskreises Resozialisierung und der Zentralstelle für Strafentlassenenhilfe; Informationen für Angehörige; Täter-Opfer-Ausgleich)